Manchmal muss man Abschied nehmen

ALLES ÜBER TOD, TRAUER UND TROST

Louise Spilsbury

Hanane Kai

Aus dem Englischen von
Christa Majer-Kachler und Roland Kachler

Gabriel

Mehr über unsere Bücher, Autor:innen und Illustrator:innen auf:
www.thienemann-esslinger.de

Louise Spilsbury und Hanane Kai
Manchmal muss man Abschied nehmen - Alles über Tod, Trauer und Trost
978 3 522 30644 7

Aus dem Englischen von Christa Majer-Kachler und Roland Kachler

Die englische Originalausgabe erschien unter dem Titel *Death and Grief* 2023
by Wayland an Imprint of Hachette Children's Books Part of Hodder and Stoughton
Carmelite House 50 Victoria Embankment, London EC4Y 0DZ.

Text: Louise Spilsbury
Strichzeichnungen: Monika Dzikowicz
Art Direction, Design & Farbe: Hanane Kai
Einbandtypografie: Doris Grüniger, Buch und Grafik, Zürich
Innentypografie: Eva Mokhlis, Swabianmedia, Stuttgart

FSC MIX
Paper | Supporting responsible forestry
FSC® C144853
www.fsc.org

Inhalt

Was ist der Tod?

Zum Leben gehört auch der Tod. Alles, was lebt, stirbt irgendwann. Blätter vertrocknen und fallen vom Baum, Blumen verwelken und verlieren ihre Blüten. Manche Insekten leben nur einen einzigen Tag. Andere Tiere leben viele Jahre lang und sterben dann.

Der Tod ist schwer zu verstehen. Vor allem, wenn jemand stirbt, den wir liebhaben. Wir können uns dann gar nicht vorstellen, dass ihn nichts mehr ins Leben zurückbringen kann. Aber wer tot ist, kann nie wieder atmen, essen, gehen oder irgendetwas anderes tun. Deshalb macht der Tod Menschen auf der ganzen Welt so traurig. Diese tiefe Traurigkeit nennen wir Trauer. Wir sagen, dass jemand trauert oder in Trauer ist.

Wann sterben Menschen?

Die meisten Menschen sterben erst, wenn sie sehr alt sind und ihre Körper müde und gebrechlich geworden sind. Der Körper ist dann einfach nicht mehr stark genug, um weiterzuleben und hört irgendwann auf zu arbeiten. Wenn alte Menschen sterben, ist das sehr traurig. Aber es ist auch tröstlich, zu wissen, dass sie lange und gut gelebt haben.

Leider sterben auch immer wieder Menschen, die noch nicht alt sind. Manche werden unheilbar krank und sterben. Andere sterben ganz plötzlich und ohne Vorwarnung, zum Beispiel bei einem schlimmen Unfall. Das ist immer ein großer Schock.

Wenn ein Mensch im Sterben liegt, geben sich alle große Mühe, dass er sich möglichst wohl fühlt und keine Schmerzen mehr hat. Wenn es geht, kommen Familienangehörige und Freunde, um Abschied zu nehmen und dem Sterbenden zu sagen, dass sie ihn liebhaben. Gläubige Menschen beten vielleicht mit ihm oder für ihn und versuchen so, ihn zu trösten.

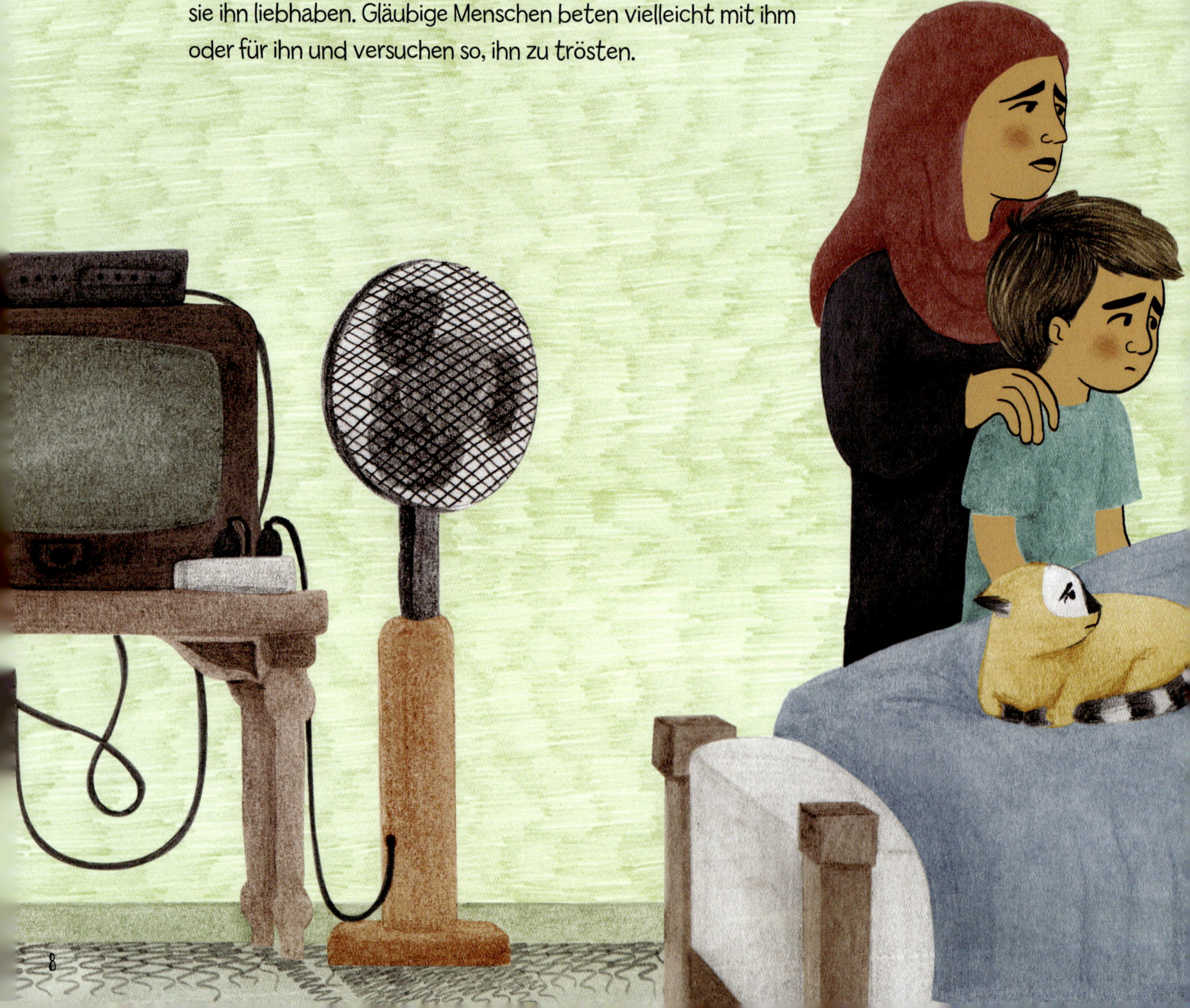

Bei muslimischen Familien versammeln sich alle Verwandten und Freunde am Sterbebett. Mit liebevollen Worten und Gebeten versuchen sie, dem Sterbenden Mut und Hoffnung zu geben. Nach seinem Tod schließen sie sanft die Augen des Verstorbenen und bedecken seinen Körper, den Leichnam, vorsichtig mit einem sauberen Leintuch.

Was passiert, wenn jemand gestorben ist?

Was nach dem Tod mit einem Menschen passiert, weiß niemand. Manche glauben, dass der Körper einfach so zurückbleibt wie bei Pflanzen und Tieren. Menschen, die an einen Gott glauben, stellen sich vor, dass die Verstorbenen nach dem Tod einen guten Platz bei ihrem Gott bekommen.

Buddhisten glauben, dass ein Mensch nach dem Tod als ein anderes Lebewesen wiedergeboren werden kann. Das kann ein Mensch oder ein Tier sein – je nachdem, wie sich der Verstorbene in seinem früheren Leben benommen hat.

Bei der Beerdigung verschenken buddhistische Familien Essen an Mönche, die ihr Leben lang Buddha dienen und kein Geld verdienen. Die Angehörigen hoffen, dass es den Verstorbenen durch diese gute Tat im nächsten Leben gut geht.

Nachdem ein Mensch gestorben ist, bleiben die Freunde und Verwandten vielleicht noch eine Zeit lang bei dem Toten sitzen. In manchen Ländern waschen die Angehörigen den Leichnam und ziehen ihm schöne Kleider an. In anderen Ländern übernimmt ein Bestatter die Aufgabe, den Verstorbenen für das Begräbnis vorzubereiten.

In einigen Ländern gibt es vor der Beerdigung eine Totenwache. Der Verstorbene liegt dabei in einem offenen Sarg. Freunde und Verwandte können kommen und ihn ein letztes Mal sehen. Sie können Abschied nehmen und ihm noch einmal sagen, was sie für ihn empfinden.

Beerdigungen

Bei der Beerdigung – man kann auch Begräbnis oder Bestattung dazu sagen – versammeln sich alle, die die verstorbene Person gekannt haben. Sie sprechen miteinander über ihre Erinnerungen und ihre Trauer. So helfen sie sich gegenseitig, mit ihren Gefühlen zurechtzukommen. Gleichzeitig hilft eine Beerdigung den Angehörigen, zu verstehen, dass ihr geliebter Mensch tatsächlich tot ist.

Begräbnisse werden oft von Priestern, Pfarrerinnen oder Pfarrern geleitet. Bei nicht religiösen Verstorbenen übernehmen manchmal auch Trauerredner diese Aufgabe. Sie sprechen über die Verstorbenen und ihr Leben und erzählen besondere oder sogar lustige Geschichten. So können sich die Familien und die Freunde gemeinsam an die Zeit mit den Verstorbenen erinnern. Oft wird auch die Lieblingsmusik der Verstorbenen gespielt, manchmal singen alle dabei mit.

Auf der ganzen Welt sehen Beerdigungen unterschiedlich aus. In europäischen Ländern wie Schweden, Deutschland oder Österreich sind Begräbnisse meist still und eher schlicht. Oft sind nur die engsten Angehörigen und Freunde dabei. Sie bringen Blumen mit, die sie auf den Sarg legen oder in das offene Grab werfen, und singen schöne Lieder, die von ihrer Liebe und Trauer erzählen.

In Ghana, einem Land in Afrika, kann eine Beerdigung sehr groß und laut sein und mehrere Tage lang dauern. Viele Menschen kommen, es wird getanzt, gesungen und laut getrommelt. Manchmal wird der Verstorbene in einem Sarg umhergetragen, der zu seinem Leben und seiner Person passt. Wenn jemand zum Beispiel sehr hitzig war und schnell wütend wurde, kann der Sarg aussehen wie eine feurige rote Pfefferschote.

Begräbnis, Einäscherung und Auferstehung

Am Ende der Beerdigung werden viele Verstorbene in ihrem Sarg in einem Grab auf dem Friedhof begraben. Der Friedhof ist ein ruhiger und schöner Ort mit vielen Gräbern. Manchmal wird der Leichnam auch zu Asche verbrannt. Die Asche wird dann in eine Urne gefüllt und in einem kleinen Grab auf dem Friedhof oder in einem Friedwald bestattet. In manchen Ländern wird die Urne auch zu Hause bei der Familie aufbewahrt oder an einem Ort in der Natur verstreut, den der Verstorbene besonders gerne mochte.

Vor allem in Asien leben viele Hindus. Sie glauben an die Reinkarnation oder Wiedergeburt. Sie stellen sich vor, dass die Menschen nach ihrem Tod ein neues Leben in einem anderen Körper beginnen. Deshalb verbrennen sie die Leiche, um den toten Menschen von seinem bisherigen Körper zu befreien. Die Asche wird danach in einen Fluss oder See gestreut. Das fließende Wasser ist ein Zeichen, dass das Leben immer weitergeht, auch nach dem Tod.

Wie Menschen trauern

Nach einer Bestattung tragen viele Menschen auf der ganzen Welt besondere Kleidung, die zeigt, dass sie in Trauer sind. In Griechenland tragen manche Christen mindestens 40 Tage lang schwarze Kleidung. Auch bei uns tragen viele Leute eine Zeit lang dunkle Kleider. Damit zeigen sie ihren Respekt vor den Verstorbenen. Außerdem sehen andere Leute daran, dass sie trauern und rücksichtsvoll behandelt werden sollten.

Wenn in einer jüdischen Familie ein Elternteil stirbt, gehen die Kinder oft ein ganzes Jahr lang nicht zu Feiern und religiösen Festen. Außerdem sprechen sie jeden Tag ein bestimmtes Gebet für die verstorbene Mutter oder den Vater. Auch das zeigt ihren Respekt vor den Eltern und gibt den Kindern gleichzeitig Zeit und Raum für ihre Trauer.

Über den Tod sprechen

Menschen haben verschiedene Vorstellungen vom Tod. In manchen Ländern reden die Leute nur sehr ungern und selten über den Tod. Vielen Leuten ist es unangenehm, selbst mit ihren nächsten Angehörigen und Freunden darüber zu sprechen. Sie reden nur über Tod und Trauer, wenn jemand stirbt, den sie kennen.

In Mexiko gehören Gespräche über den Tod zum Leben. Hier feiern die Menschen jedes Jahr den „Tag der Toten". Dabei gestalten sie zu Hause Altäre mit Blumen, Geschenken und Kerzen für ihre Verstorbenen. In einigen Städten gibt es große Umzüge mit verkleideten Menschen, Gesang und Tanz.

Sich an geliebte Menschen erinnern

Die meisten Menschen erinnern sich gerne an ihre geliebten Verstorbenen. Sie besuchen ihre Gräber und bringen Blumen mit. Manche besuchen Orte, an denen sie früher mit der Person zusammen waren, andere unternehmen Dinge, die sie schon einmal mit ihr gemacht haben. Manche pflanzen einen Baum im Garten, stellen Fotos auf oder tragen einen Gegenstand bei sich, der sie an ihre Lieben erinnern soll.

Sich an die verstorbene Person zu erinnern, hilft bei der Trauer. Manche Familien schreiben oder zeichnen Erinnerungen an ihren geliebten Menschen auf kleine Zettel und legen diese in ein Gefäß. Wenn sie besonders traurig werden, können Sie eine der Erinnerungen herausnehmen, anschauen und sich so dem Verstorbenen nahe fühlen.

Mit der Trauer leben

Die Trauer fühlt sich für verschiedene Menschen ganz unterschiedlich an. Manche können gar nicht begreifen, dass ihr geliebter Mensch wirklich gestorben ist, und kämpfen damit, seinen Tod anzuerkennen. Andere werden richtig wütend - entweder auf den Verstorbenen selbst, oder weil ihn niemand vor dem Tod retten konnte. Die meisten Menschen sind eine Zeit lang so traurig, dass es richtig wehtut.

Viele Menschen sind besorgt, dass sie etwas gesagt oder getan haben, das den Verstorbenen vielleicht verletzt hat, als er noch lebte. Manche haben Angst, dass sie selbst auch sterben könnten. Die meisten Menschen erleben während ihrer Trauer eines oder alle dieser Gefühle. Dabei hilft es, mit anderen über diese Gefühle zu sprechen, auch wenn sie selbst in Trauer sind. Reden hilft und tröstet.

Es gibt keine richtige oder falsche Art zu trauern. Es ist wichtig, jeden Menschen auf seine Art trauern zu lassen und seine Gedanken und Vorstellungen über den Tod zu respektieren.

Trauer kann lange dauern, und wir vergessen die verstorbenen Menschen, die wir lieb haben, nie. Aber nach einiger Zeit lernen die meisten Leute, mit der Traurigkeit zu leben. Es tut zwar manchmal noch weh, aber sie können irgendwann auch wieder lachen, glücklich sein und sich auf ihre Zukunft freuen. Dabei werden sie sich immer an die gemeinsamen glücklichen Zeiten erinnern.

Informiere dich!

Bücher

Wie ist das mit der Trauer?
Roland Kachler, Thienemann, 2011

Geht Sterben wieder vorbei?
Mechthild Schroeter-Rupieper, Gabriel, 2020

Nie mehr Oma-Lina-Tag?
Hermien Stellmacher, Gabriel, 2021

Ein Ort für meine Traurigkeit
Anne Booth, Gabriel, 2021

Website-Adressen und Anlaufstellen für trauernde Kinder und ihre Familien

Zentrum für trauernde Kinder und Jugendliche e. V.
https://www.trauerland.org

Bundesverband Verwaiste Eltern und trauernde Geschwister in Deutschland e. V.
https://www.veid.de/

Leben ohne Dich e. V.
https://www.leben-ohne-dich.de/

Verwaisten Reha der Nachsorgeklinik Tannheim
https://tannheim.de/

Trauerbegleitung der Malteser für Erwachsene, Kinder und Jugendliche
https://www.malteser.de/trauerbegleitung.html

Wichtige Wörter

Bestatter oder **Beerdigungsunternehmer** Jemand, dessen Beruf es ist, Beerdigungen zu organisieren, die Verstorbenen dafür vorzubereiten und in einen Sarg zu legen, Gräber auszuheben und die Verstorbenen ins Grab zu legen.

Buddhisten Menschen, die an Wiedergeburt glauben und der Lehre von Buddha folgen, um ein gutes Leben zu führen. Die meisten Buddhisten leben in Asien.

Christen Menschen, die daran glauben, dass Gott die Welt gemacht hat und Jesus Christus sein Sohn ist.

Friedhof An diesem Ort sind die Körper vieler Menschen in Särgen oder ihre Asche in Urnen begraben.

Friedwald oder **Ruheforst** Ein Wald, in dem man die Urne eines Verstorbenen unter einem Baum begraben darf.

Grab Die Stelle, an der der Leichnam eines Verstorbenen in der Erde begraben ist.

Hinduismus Eine Religion, die es in Indien seit mehr als 3.000 Jahren gibt. Hindus verehren viele Götter.

Jüdisch Jüdische Menschen glauben, dass es nur einen Gott gibt und dass dieser Gott, Jahwe, die Welt geschaffen hat.

Leiche oder **Leichnam** Der Körper eines verstorbenen Menschen.

Mönche Männer, die ein einfaches Leben ohne viel Besitz führen. Sie leben, um zu beten und für ihren Glauben zu arbeiten.

Muslime Die Religion der Muslime heißt Islam. Muslime glauben, dass es nur einen Gott gibt, den sie Allah nennen.

Reinkarnation oder **Wiedergeburt** Die Vorstellung, dass Menschen nach ihrem Tod in einem neuen Körper wiedergeboren werden.

Religiös Religiöse Menschen haben bestimmte Vorstellungen und einen bestimmten Glauben, wie die Welt erschaffen wurde und was das für die Menschen und ihr Verhalten auf der Welt bedeutet.

Sarg Ein besonderer Kasten, in den der Körper eines Toten gelegt und in dem er begraben wird. Meist ist ein Sarg aus Holz gemacht.

Urne Ein Gefäß, in der die Asche eines Verstorbenen aufbewahrt wird. Eine Urne sieht meist aus wie eine Blumenvase.

Verbrennung Die Körper der Toten werden zum Beispiel in Krematorien in großen Feuern zu Asche verbrannt, bis nur eine Art Pulver übrig bleibt.